POSAU BEIBLAIDD CHWILIO A CHAEL

HOFF STORÏAU'R BEIBL

LLYFR 2

Lluniau gan Martin Pierce
Addasiad Cymraeg gan Mary Williams

D1824092

1. Darllenwch yr hyn sydd o dan bob llun. Yna defnyddiwch ben neu bensil i ddilyn y llwybr neu ddatrys y pos.

Mae atebion i rai posau; ar ôl i chi orffen cewch edrych arnynt yng nghefn y llyfr. (Peidiwch edrych tan hynny!). Byddai darllen y stori yn y Beibl yn help. (Nodir yr adnodau sydd angen i chi eu darllen).

2. Ar bob tudalen mae coron yn cuddio. Chwiliwch am y goron ar bob tudalen.

3. Mae rhagor o gwestiynau ar ddiwedd y llyfr. Ceisiwch eu hateb.

4. Yn olaf, lliwiwch y llun.

Ⓟ Cyhoeddiadau'r Gair 1998
Ⓒ 1997 Angus Hudson/Tim Dowley/Peter Wyart - *Three's Company*
Cyd-argraffiad byd-eang wedi'i drefnu gan Angus Hudson Ltd, Llundain.
Darluniau gan Andy Robb
Addasiad Cymraeg gan Mary Williams
Golygydd Cyffredinol: Aled Davies
Cyhoeddwyd yn wreiddiol gan Candle Books

ISBN 1 85994 128 1
Argraffwyd yn Singapore

Cyhoeddwyd gan:
Cyhoeddiadau'r Gair, Cyngor Ysgolion Sul Cymru, Ysgol Addysg, PCB, Safle'r Normal,
Bangor, Gwynedd, LL57 2PX.

Ni roddwyd y baban Iesu i orwedd mewn cot ond mewn preseb (lle dal bwyd i'r anifeiliaid).
Pa ffordd mae'r asyn yn mynd i ymweld â'r baban Iesu?
Darllenwch Luc 2:1-7.

2

Ganwyd Iesu yn ninas fechan Bethlehem. Yr oedd defaid yn y meysydd.
Helpwch y bugail i ymweld â'r baban Iesu.
Gallwch ddarllen y stori yn Luc 2:8-20

3

Arweiniwyd dynion o'r dwyrain gan seren at y baban Iesu ym Methlehem.
Cysylltwch y dynion doeth gyda'u hanrhegion.
Gallwch ddarllen yr hanes yn eich Beibl. *Darllenwch Mathew 2:1-12.*

Mewn breuddwyd, dywedwyd wrth Joseff nad oedd hi'n ddiogel i aros ym Methlehem.
Pa lwybr mae Mair a Joseff yn ei ddilyn wrth iddyn' nhw gymryd y baban Iesu i'r Aifft?
Ceir y stori hon yn Mathew 2.13-15

5

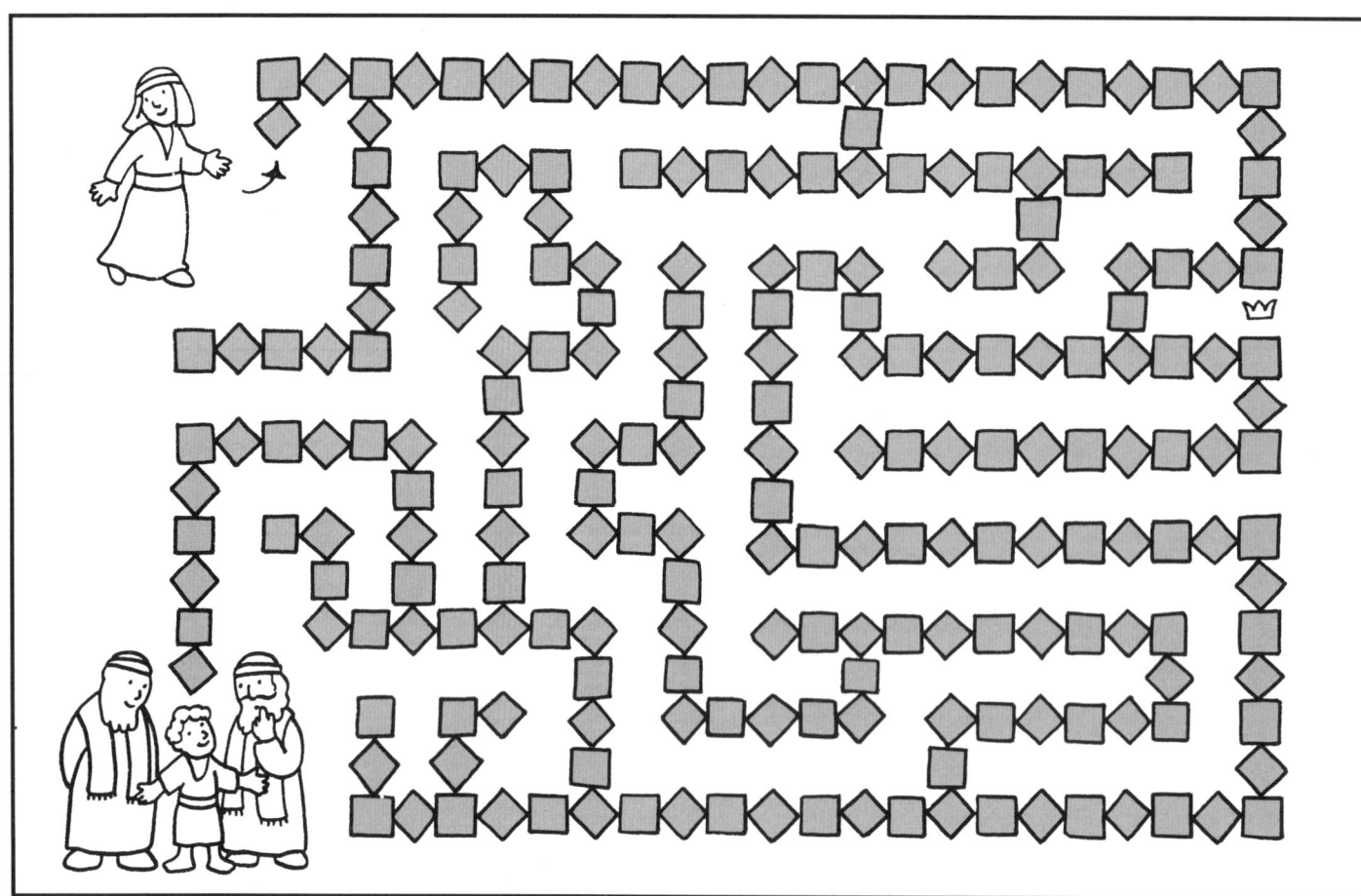

Roedd yr Iesu'n ddeuddeg oed ac wrth ei fodd yn ymweld â Jerwsalem â'i theml fawr.
Helpwch Mair i ddilyn y teils ar lawr y Deml wrth iddi chwilio am Iesu.
Gallwch ddarllen am hyn yn Luc 2:41-52.

6

Roedd pedwar o ffrindiau arbennig Iesu, sef, Pedr, Andreas, Iago ac Ioan yn bysgotwyr.
Fedrwch chi helpu'r pysgod drwy'r rhwyd i'r ochr arall?
Darllenwch Luc 5:1-11.

7

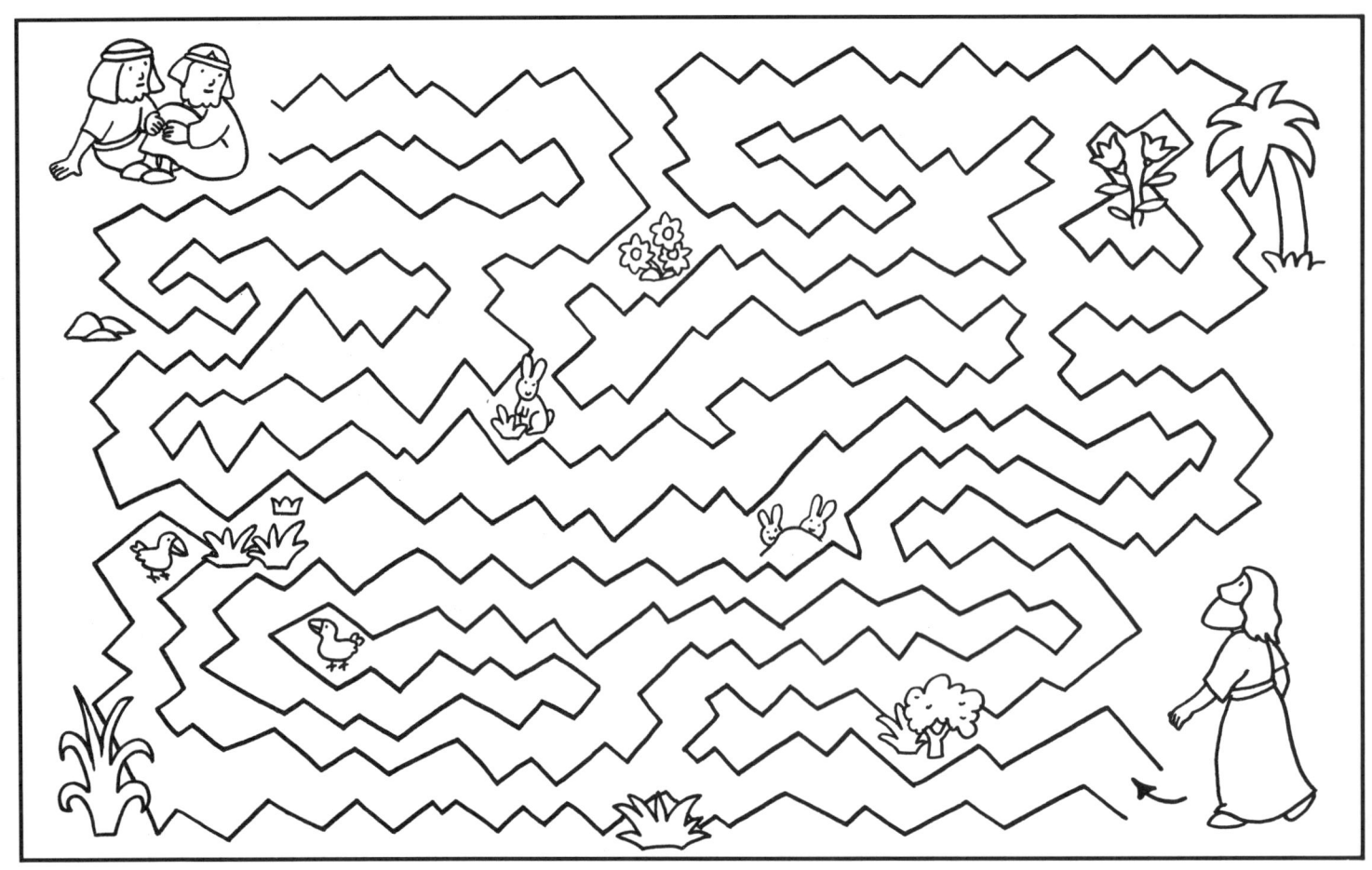

Dywedodd Iesu wrth Pedr ac Andreas. 'Dewch ar fy ôl i ac fe'ch gwnaf yn bysgotwyr dynion'.
Pa lwybr mae Iesu'n cymryd i gyrraedd Pedr ac Andreas?
Gallwch ddarllen y stori hon yn Mathew 4:18-20.

Casglwr trethi oedd Mathew cyn iddo ddilyn Iesu. Meddyg oedd Luc a physgotwr oedd Pedr.
Pa nwyddau sy'n perthyn i ba un ohonynt?
Gallwch ddarllen hanes Mathew yn dilyn Iesu yn Mathew 9:9-13.

9

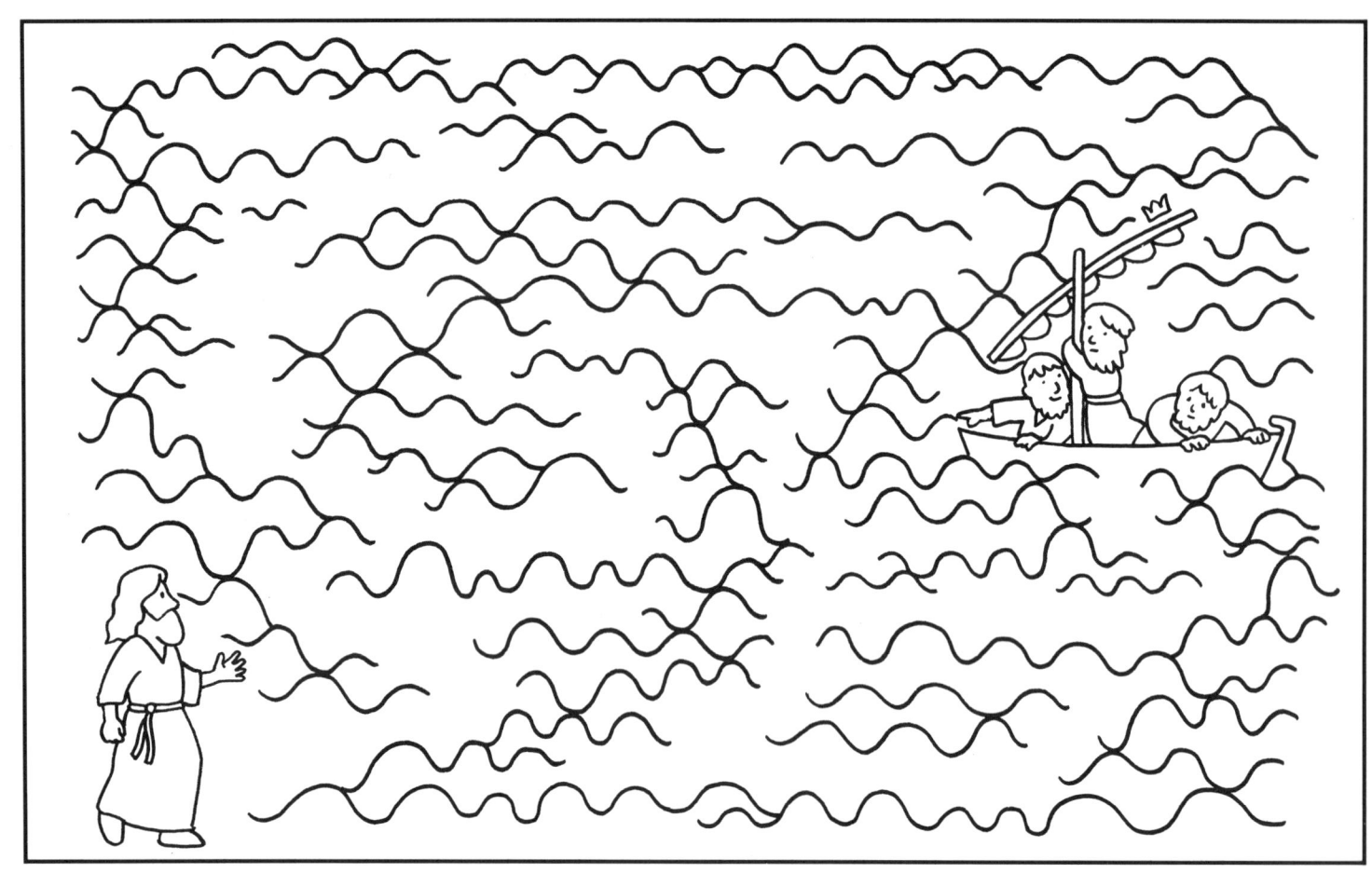

Daliwyd ffrindiau Iesu mewn storm ar y môr. Cerddodd Iesu ar draws y dŵr i'w helpu.
Pa ffordd sy'n arwain Iesu ar draws y dŵr stormus at y cwch?
Gwelir y stori hon yn Mathew 14:22-33.

Un noson aeth Nicodemus i ofyn i Iesu sut y dylai garu Duw.
Pa lwybr sy'n arwain Nicodemus at Iesu?
Darllenwch Ioan 3:1-16.

11

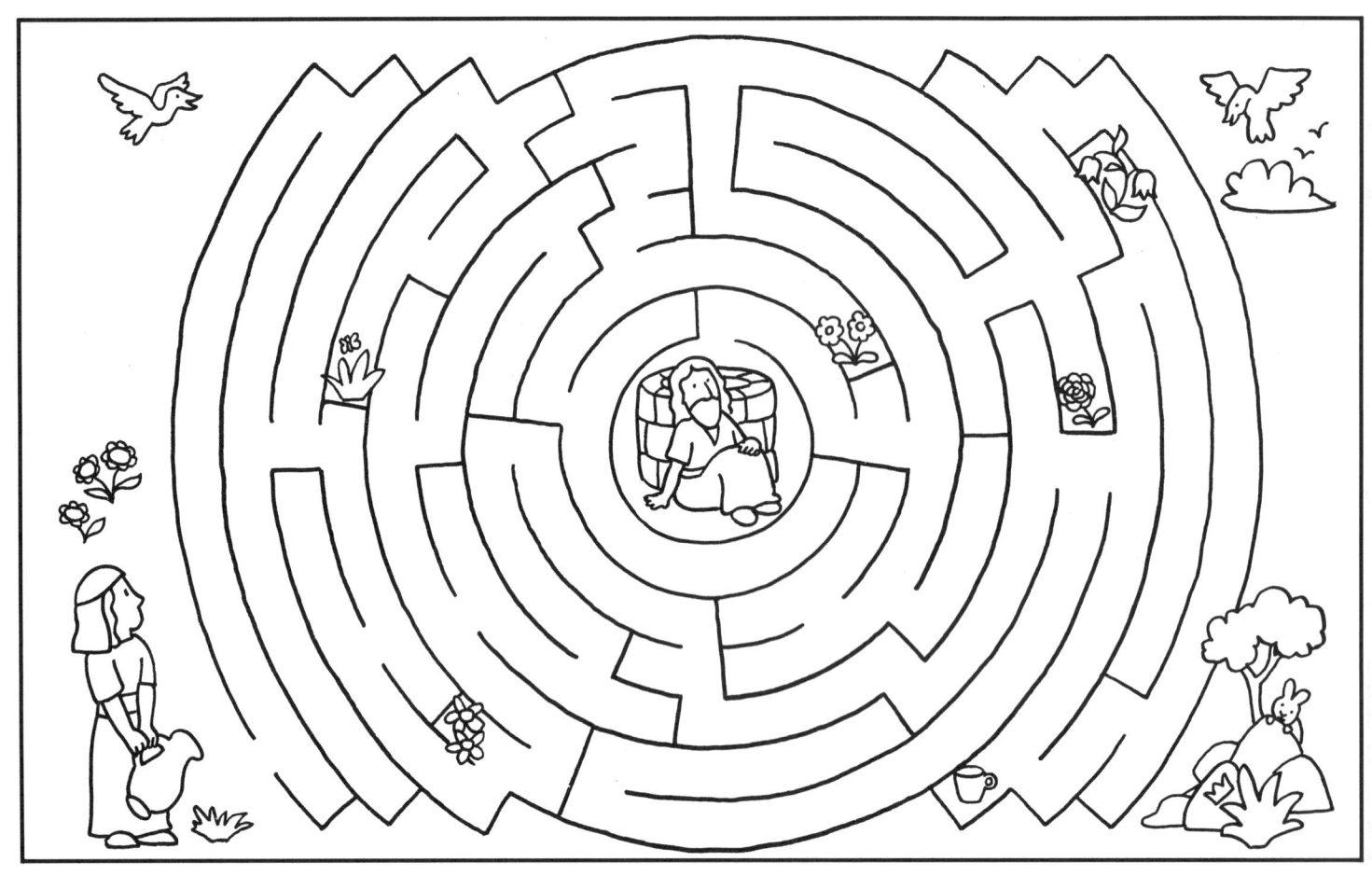

Cyfarfu Iesu a gwraig wrth ffynnon. Dywedodd wrthi iddo gael ei anfon a'i ddewis gan Dduw.
Sut mae'r wraig yn mynd i ffeindio'i ffordd at y ffynnon?
Darllenwch y stori hon yn Ioan 4:1-42.

12

Dywedodd Iesu stori am wraig a gollodd ddarn arian. Sgubodd ei thŷ nes iddi ei gael.
Ar ba lwybr mae'r nifer mwyaf o ddail i'w sgubo? (Mae'r ateb ar dudalen 24).
Darllenwch yr hanes yn Luc 15:8-10.

13

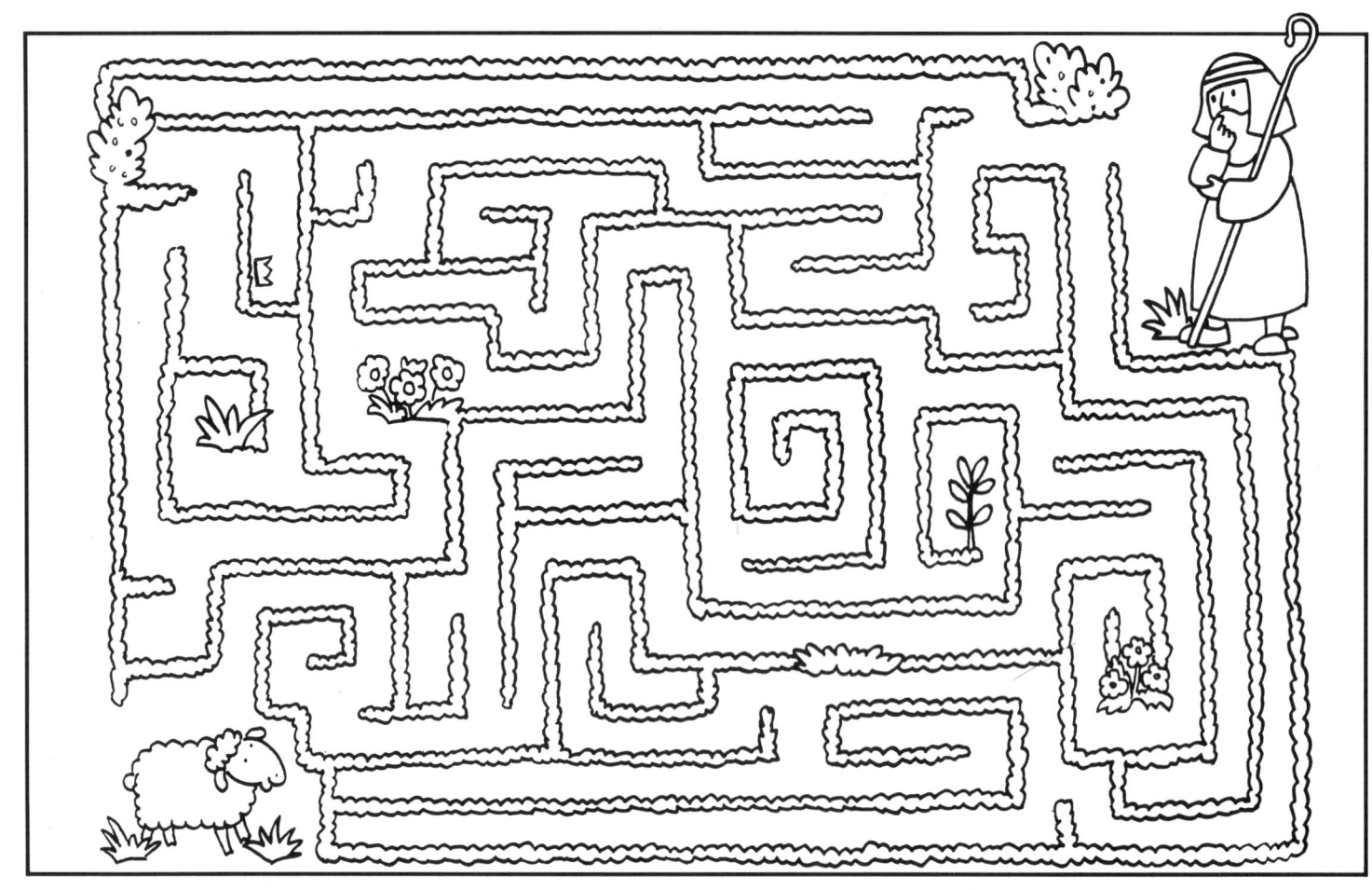

Adroddodd Iesu stori am 100 o ddefaid - roedd 99 yn ddiogel ond yr oedd un ar goll.
Sut mae'r bugail yn cyrraedd y ddafad sydd ar goll?
Darllenwch Luc 15:4-7.

Dywedodd Iesu stori am fachgen adawodd ei gartref a theimlo'n drist iawn.
Helpwch y bachgen i fynd yn ôl at ei dad caredig.
Gallwch ddarllen y stori yn Luc 15:11-32.

15

Dywedodd Iesu hanes dyn diarth, caredig a fentrodd ei fywyd i helpu dyn a ymosodwyd arno.
I ba lety y cymerwyd y dyn truan iddo?
Gwelir y stori yn Luc 10:25-37.

16

Byddai Mair, Martha a Lasarus yn gofalu am Iesu ambell dro ac yn rhoi pryd o fwyd iddo.
Fedrwch chi helpu Martha i gyrraedd y blodau y mae hi am eu gosod ar y bwrdd?
Darllenwch Luc 10:38-42.

17

Rhoddodd rhyw fachgen ei becyn bwyd i Iesu - pum torth haidd a dau bysgodyn - i fwydo 5,000 o bobl. Pa linell sy'n cymryd y bachgen at Iesu?

Darllenwch Ioan 6:1-15.

18

Roedd Sacheus yn dyheu am gael gweld Iesu. Roedd mor fyr nes iddo benderfynu dringo coeden.
Dywedodd Iesu wrtho, 'Brysia, 'rwy'n dod i dy dŷ di'. Helpwch Sacheus i ddod i lawr.
Daw'r stori hon yn Luc 19:1-10.

19

Byddai Iesu'n gweddio'n aml ar ei Dad nefol. Roedd wrth ei fodd yn gweddio yng nghardd Gethsemane.
Pa lwybr sy'n cymryd y milwyr hyn at Iesu?
Darllenwch Mathew 26:36-56.

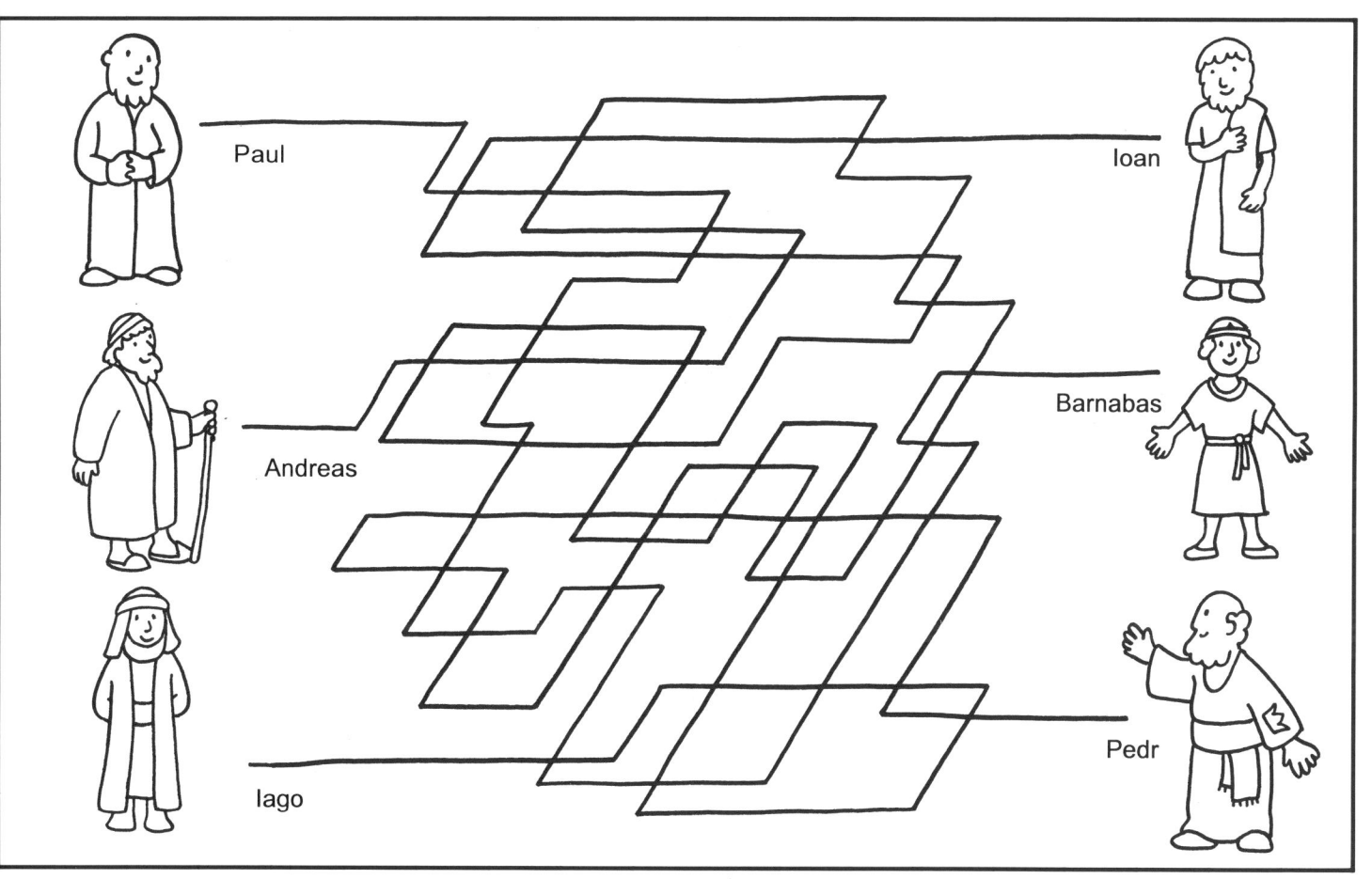

Paul

Ioan

Andreas

Barnabas

Iago

Pedr

Ar ôl i Iesu gael ei ladd, dywedodd Paul a Barnabas wrth bobl am gariad Iesu tuag atynt.
Cysylltwch ddau bar o frodyr a dau ffrind. (Mae'r atebion ar dudalen 24).
Darllenwch Actau 13:42-52.

21

Mae Paul ar ei ffordd i dref Damascus. Ar y ffordd mae'r Arglwydd Iesu yn siarad ag ef.
Fedrwch chi helpu Paul i gyrraedd Damascus?
Ceir y stori hon yn eich Beibl yn Actau 9:1-19.

Aeth Paul i lawer o wledydd. Cafodd longddrylliad fwy nag unwaith.
Helpwch Paul i gyrraedd y tir.
Gallwch ddarllen yr hanes yn Actau 27:39-44.

23

Gweithgareddau Pellach

1. Pa dudalennau sy'n dangos Iesu yn faban neu yn fachgen?
2. Pa dudalennau sy'n dangos Iesu yn ddyn?
3. Gwnewch restr o'r bobl (ar wahan i Iesu) a enwir yn y llyfr hwn ac ysgrifennwch rif y dudalen lle gwelir hwy.
4. Faint o enwau gwahanol bobl welsoch chi?

ATEBION

1. Mae Iesu'n faban neu'n fachgen ar dudalen 2,3,5,6.
2. Mae'r Arglwydd Iesu'n ddyn ar dudalen 8,10,11,18,19, 20.
3. Y bobl (ar wahan i Iesu) sydd â'u henwau yn y llyfr yw Mair a Joseff (tud.5). Mair eto (tud. 6), Pedr ac Andreas (tud.8), Pedr eto gyda Mathew a Luc (tud.9), Nicodemus (tud.11), Sacheus (tud. 19), Iago ac Ioan a Paul a Barnabas gydag Andreas a Pedr eto (tud.21), Paul eto (tud.22,23).
4. Mae yno 12 o wahanol bobl.

Tud. 13
Ar y llwybr canol mae'r nifer mwyaf o ddail i'w sgubo.

Tud. 16
Aeth Samariad caredig i'r llety canol.

Tud. 21
Iago oedd brawd Ioan, Andreas oedd brawd Pedr, Barnabas oedd ffrind Paul.